Este libro pertenece a:

..........................................

# Contenido



Ilustraciones: Mike Garton
© Igloo Books Ltd
© TODOLIBRO EDICIONES, S.A.
C/ Campezo, 13 - 28022 Madrid
Tel.: 91 3009115 - Fax: 91 3009110

# Cuentos para niños de 6 años

TODOLIBRO

# ¿Qué estás haciendo, Dani?

Una mañana de verano, la familia al completo decide hacer un pícnic en el campo. En cuanto Dani se entera, corre escaleras abajo y rebusca en el armario durante un buen rato.

–¿Qué estás haciendo, Dani? –pregunta su madre mientras prepara la comida para la excursión.
–¡Nada! –responde el pequeño cerrando su mochila.

Pronto llegan a un lugar perfecto para comer.
—Dani, ¿puedes jugar con tu hermanita mientras preparamos todo? —le pregunta su mamá.
—Bueno... —responde él sin mucho entusiasmo.

—Vamos, Lola, te voy a enseñar una cosa —dice mientras saca de su mochila una reluciente lupa. Con mucho sigilo, se acerca a un montón de tierra.

—¡Ajá! —exclama Dani—. ¡Mira lo que hemos encontrado!

—Déjame ver —le pide ella, y se aproxima para echar un vistazo—. ¡Puaj! ¡Es una serpiente asquerosa!

—¡No! Solo es un gusano, boba —responde.

Pero Lola ya ha salido corriendo.

Dani corre tras su hermana y le enseña otra cosa.
–¡Mira lo que he encontrado, Lola! –exclama para que su hermana se acerque de nuevo.
–¡Déjame ver! –le pide mientras se agacha para mirar. Dos enormes ojos la observan al otro lado de la lupa. De repente, ¡BOING! El animal da un salto y la pobre Lola, aterrorizada, huye de nuevo.
–No pasa nada. ¡Solo es una rana! –exclama Dani.

En un enorme arbusto, el travieso Dani encuentra una araña y se la muestra a su hermana a través de la lupa. La pequeña solo ve unas largas patas peludas.
–¡Es un mosntruo! –grita–. ¡Y quiere comernos!
En ese instante, su madre les avisa para que acudan a comer.

—Mami, mami, he visto una serpiente espantosa, una rana gigante y un monstruo que quería comerme —dice entre sollozos la pequeña.

–¡Qué imaginación, hija! ¡Si los monstruos no existen! ¿Qué habéis estado haciendo, Dani?
–Nada, nada... –contesta mientras guarda la lupa en la mochila.

# Berta tiene miedo

Es el cumpleaños de Rufo y su familia está organizando una gran fiesta en su honor. Su hermana Berta está muy inquieta porque hoy se espera una gran tormenta y ella detesta los relámpagos y los truenos.

–Mi hermana es una cobardica –dice Rufo entre risitas.

–Eso no es verdad, hijo. Queue tenga miedo no quiere decir que no sea valiente –le explica su papá.

La fiesta comienza y todos los niños se lo pasan en grande. Berta llega a olvidarse incluso de los relámpagos, pero, de repente... ¡BUM! De un salto, la pobre se esconde debajo de la mesa.

–Qué tonta, ¡si solo es un globo que ha explotado! –ríe Rufo.

Al día siguiente, el señor Elefante lleva a sus hijos al parque de atracciones. Eso anima un poco a Berta, avergonzada aún por lo que pasó en la fiesta, ya que a ella le encantan la noria y el tiovivo.

–¿A que no te atreves a montarte en el tren fantasma?
–Claro que sí, ya verás –responde Berta con cierto reparo.
El tren fantasma recorre pasadizos oscuros y tenebrosos, y está lleno de telarañas.
–Esto no me gusta nada, ¡quiero salir de aquí! –exclama la pequeña metiendo la cabeza bajo el brazo de su papá.

Berta está muy triste. ¿Y si resulta que no es valiente? Esa tarde, antes de volver a casa, los tres deciden ir al parque. Berta corre hacia el castillo y Rufo sale corriendo en dirección al arenero.

De repente, Berta se da cuenta de que dos rinocerontes y un toro muy antipáticos están molestando a su hermanito. Ni corta ni perezosa, la pequeña se dirige hacia ellos a toda velocidad y les increpa:

—¡Dejad a mi hermano tranquilo! ¡El arenero no es vuestro!

Después, coge a su hermano de la mano y le acompaña hasta donde está su padre.

–Estoy muy orgulloso de ti, hija. Al final resulta que tu hermana es muy valiente, ¿verdad, Rufo? –le pregunta.

—¡Sí! —responde el elefantito mientras abraza a Berta con fuerza—. Siento haberme reído de ti cuando tenías miedo. ¡Creo que eres la hermana más valiente del mundo!

## La gran fuga

Pedro y Laura tienen que vigilar esta noche a su hámster Coco.

–Aseguraos de que tenga agua y comida y, sobre todo, que no se escape de la jaula. La tía vendrá a dormir hoy y no quiero que Coco la asuste.

—Tranquila, mami, ¡lo cuidaremos mucho! —exclaman los gemelos a la vez mientras bajan la jaula al primer piso. En ese momento, suena el timbre y los dos se lanzan a abrir la puerta, olvidándose al instante del pobre Coco.

–¡Hola, tía! ¿Nos has traído regalos? –le preguntan entusiasmados.
Pedro y Laura disfrutan de una tarde muy divertida con su tía. Comen pasteles y cuentan chistes, pero nadie se acuerda del hámster.

Esa noche, al ir a dormir, se dan cuenta de que Coco no está en su jaula. Los gemelos buscan bajo la cama, en el cajón de los calcetines, dentro del armario, pero... ¡ni rastro!

–¿Dónde se habrá metido este pillín? –susurra Pedro para que su madre no se entere de que el roedor anda suelto.

En ese instante, escuchan un grito de su tía.
–¡He visto algo peludo saliendo de mi habitación! –grita muy asustada–. Debe de ser un ratón...
–O un hámster... –susurra la madre mientras muy enfadada mira de reojo a sus dos hijos–. No te preocupes, el pobre Coco es inofensivo. ¡Que duermas bien!

Los gemelos vuelven a su cuarto y se llevan una gran sorpresa.
—Mis zapatillas tienen agujeros —dice Pedro.
—¡Mi camisón está agujereado también! —exclama Laura—.
Coco estará hambriento, pero no sabe volver a la jaula.

Deciden que es mejor contarle lo que ha pasado a su madre, porque, de lo contrario, ¡Coco se comerá la casa entera!

–Buscaremos donde haya cosas que a Coco le guste mordisquear –dice la mamá muy bajito–. Pero no hagáis ruido, no queremos asustar a la tía.

Así que los tres ponen patas arriba la casa. Buscan dentro de armarios y cazuelas, pero Coco no aparece. De repente, escuchan un ruido en la habitación de la tía. ¡Allí está Coco mordisqueando un sombrero!

La mamá, muy astuta, decide dejar un reguero de comida desde la habitación de la tía hasta el cuarto de los pequeños. Muy pronto, Coco está a salvo en su jaula.

—¡A la cama los dos! —les dice fingiendo enfado—. Y la próxima vez, recordad que debéis cerrar la puerta de la jaula.
—Lo prometemos, mami —responden los gemelos a la vez.

# La princesa pirata

Andrea, su padre y su hermano Pipo han ido a pasar la tarde a la feria.

–¿Subimos al tren de la bruja? –pregunta Andrea.

–Sí, cariño, pero antes Pipo va a montarse en el tiovivo –le responde su padre.

Andrea no quiere esperar y refunfuña. De repente, descubre algo asombroso: un enorme barco pirata. «¡Vaya! Siempre he querido ser pirata», piensa la pequeña mientras observa entusiasmada la nave.

Entonces, escucha una voz ronca y fuerte que dice:
—¡Todos a bordo de El Forajido! Mi nombre es Capitán Parche y me dirijo a la Isla del Tesoro.
Andrea comprueba que su padre está distraído y decide echar un vistazo al barco.
—¡Vaya! ¿Qué tenemos aquí? ¡Una princesa pirata!

El capitán tiene un parche en el ojo derecho y un simpático loro sobre el hombro.
Andrea quiere hacerle unas preguntas, pero antes de que pueda decir nada, toda la tripulación aparece en cubierta.
–Subid las velas y levad el ancla! –ordena el capitán.

A toda velocidad, El Forajido surca los mares con destino a la Isla del Tesoro. El capitán entrega a Andrea un sombrero de pirata y unas botas para que esté más cómoda. ¡Incluso le da su propia espada!

–¡Tierra a la vista! –avisa el vigía.

—Ya hemos llegado —le dice el capitán—. Ahora, mucho cuidado; debemos encontrar el botín que escondimos en la isla antes de que lo hagan otros piratas.
Cuando llegan a una pequeña cueva al norte de la isla, Andrea descubre el escondite secreto, ¡repleto de joyas!

Justo cuando cargan con el tesoro, aparecen otros piratas con malas pintas dispuestos a arrebatárselo.
–¡Corred! ¡Volvamos a El Forajido! –grita el capitán.
Andrea coge todas las joyas que puede y corre tan rápido como nunca.

Tras una carrera frenética, el cofre del tesoro está sano y salvo a bordo de El Forajido.
–¡Eres una princesa pirata muy valiente! –exclama el capitán mientras la tripulación le dedica una ovación.
–¡Volvamos a casa, grumetes! ¡Levad anclas!

En un periquete, regresan a la feria. Andrea se despide de los piratas justo cuando su hermano Pipo baja del tiovivo.
–¿Dónde has estado, hija? –le pregunta su papá.
–Solo estaba echando un vistazo a la cubierta de El Forajido, papi –le contesta. Nadie la creería si contara su aventura con los piratas y la Isla del Tesoro...

—Bueno, la próxima vez no te vayas sin decírmelo —le pide papá—. Ahora ¡vamos al tren de la bruja!

—¡Genial! —exclama Andrea.

Está segura de que también será divertido, pero no puede ser más emocionante que navegar en El Forajido.

# Las pociones del tío Julio

Emma y Santi nunca han estado en casa del tío Julio, una gran mansión que parece encantada.
–No os metáis en líos –les pide su mamá cuando sale su familiar a recibirlos.
–¿Podemos explorar tu casa, por favor? –preguntan los dos hermanos nada más saludarle.

—Claro —responde—, pero tened cuidado. El edificio es muy antiguo y esconde muchas sorpresas... No quiero que os perdáis.

—No te preocupes, no nos pasará nada —contestan mientras cruzan a todo correr el gran vestíbulo.

Santi y Emma caminan por un largo pasillo hasta llegar a una gran puerta de madera.

—Me pregunto qué habrá detrás... —dice Emma—. ¿Quizá algún monstruo?

—Puede que el tío Julio sea un científico loco y trabaje aquí en sus peligrosos experimentos —propone Santi.

Los dos bajan las oscuras escaleras con una linterna hasta llegar a una gran sala. Al fondo de la estancia encuentran una estantería repleta de extrañas botellas.

–¿Qué contendrán? –pregunta Emma.

–Yo creo que son pociones secretas –responde Santi.

De repente, escuchan que alguien se aproxima a la puerta.
—¡Escondámonos! —exclaman ocultándose tras un baúl.
Su tío Julio baja la escalera y coge una de las botellas con un misterioso líquido verde en su interior.

Al salir, el tío cierra la puerta con llave.
–Ahora, ¿qué haremos? ¡No podemos salir! –exclama ella.
Pero Santi descubre detrás de ellos una palanca de metal con un caballo alado.
–¿Qué es esto? –se pregunta mientras tira de la palanca.

En el momento en que acciona la palanca, una puerta se abre a su derecha.
–¡Es un pasadizo secreto! –exclama Santi entusiasmado.
Los pequeños cruzan un oscuro túnel que termina en una puerta cubierta de telarañas. Al abrirla, escuchan:
–Probad esta delicia, ¡salud!

El pasadizo les lleva hasta el salón de la mansión, donde sus padres están a punto de probar la misteriosa bebida.
–¡Cuidado! ¡Es una poción mágica! –grita Santi.
Los tres adultos se echan a reír.

—Bueno, no creo que mi famoso zumo de arándanos con limón se pueda considerar una poción —les explica—. Tengo más botellas de otros sabores. ¿Os apetece probar? Santi y Emma comprenden su error y piden perdón por pensar que su tío era un hombre malvado. Después, prueban un delicioso zumo de fresa y descubren que las «pociones» del tío Julio son el mejor invento del mundo.